旺文社
（おうぶんしゃ）

学ぶ人は、変えてゆく人だ。

目の前にある問題はもちろん、

人生の問いや、社会の課題を見つけ、

挑み続けるために、人は学ぶ。

「学び」で、少しずつ世界は変えてゆける。

いつでも、どこでも、誰でも、

学ぶことができる世の中へ。

学校では教えてくれない大切なこと 34

図工が楽しくなる

マンガ・イラスト 鳥居志帆

旺文社

はじめに

テストで100点を取ったらうれしいですね。先生も家族もほめてくれます。

でも、世の中のできごとは学校でのテストとは違って、正解が1つではなかったり、何が正解なのかが決められないことが多いのです。

「私はプレゼントには花が良いと思う」「ぼくは本が良いと思う」。どちらが正解ですか。どちらも正解。そして、どちらも不正解という場合もありますね。

山登りで仲間がケガをして動けない。こんなときは「動ける自分が方位磁石にしたがって下りてみる」「自分もこのまま動かずに救助を待つ」。どちらが正解でしょう。状況によって正解は変わります。命に関わることですから慎重に判断しなくてはなりません。

このように、100点にもなり0点にもなりえる問題が日々あふれているの

2

が世の中です。そこで自信をもって生きていくには、自分でとことん考え、そのときの自分にとっての正解が何かを判断していく力が必要になります。

本シリーズでは、自分のことや相手のことを知る大切さと、世の中のさまざまな仕組みがマンガで楽しく描かれています。読み終わったときには「考えるって楽しい！」「わかるってうれしい！」と思えるようになっているでしょう。

本書のテーマは「図工が楽しくなる」です。みなさんも、学校の図工の時間に、絵をかいたり工作をしたり、さまざまな活動をしていると思います。中には、それらの活動に苦手意識をもっている人もいるかもしれません。しかし、ちょっとしたコツや工夫で、絵や工作のできばえは改善することができます。また、芸術にふれることは、感受性を養い、いろいろな力を育むことにもつながります。

本書を読んで図工に親しみ、自分たちの可能性を広げていってください。

旺文社

もくじ

スタッフ

- ●編集
  廣瀬由衣
- ●編集協力
  小暮香奈子
  （株式会社スリーシーズン）
  森田香子
- ●装丁・本文デザイン
  木下春圭
  菅野祥恵　六鹿沙希恵
  （株式会社ウエイド）

- ●装丁・本文イラスト
  鳥居志帆
- ●監修協力
  くまがいゆか
- ●製作
  つかさみほ
- ●校正
  株式会社ぷれす

写真協力

アフロ／株式会社パジコ／株式会社ヤコ／株式会社ファインシード／
カモ井加工紙株式会社／京都国立博物館／建仁寺／高山寺／徳川美術
館所蔵　© 徳川美術館イメージアーカイブ／DNPartcom ／ぺんてる
株式会社／ Image: TNM Image Archives
© 2005 Estate of Madeline Gins. Reproduced with permission
of the Estate of Madeline Gins.

須賀工作

- ●筋肉マニアの小学3年生。
- ●しゅ味はマッスル体操。
- ●まんがは好きだが図工は苦手。

ジム

- ●体づくりにおける工作の師匠。
- ●決してペットではない。
- ●毎日トレーニングにはげむ。
- ●好物はプロテイン。

ボス

- ●美術品をねらう怪盗団のリーダー。
- ●ものごとをはっきり言うアネゴ肌。
- ●衣装へのこだわりが強い。

ミチロウ

- 工作の家の近所に住んでいる。まんが家の卵。
- いつも工作の家にごはんを食べに来ている。

工作のお父さん・お母さん

- いつも工作をあたたかく見守っている。
- お母さんはちょっと天然。
- お父さんはアニメ好き。

ゴーニャン

- 怪盗団のメンバーその2。
- 運動神経バツグン, 筋力も強い。
- 情にあつくほだされやすい。

ニャッホ

- 怪盗団のメンバーその1。
- 美術に関する深い知識をもっている。
- きょ弱体質。

8

10

1章
絵にもいろいろな
種類がある

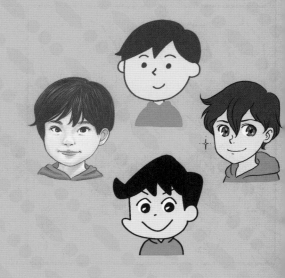

日常にはたくさんの絵がある

ゴ〜〜ル!!
オレ一着!!
負けた〜。

フフ…自ら走ってくるなんてチョロい奴だぜ…。

何がチョロいの…？

にゃ〜〜っ！

わはははは引っかかった〜。

本当にアイツが卵ちゃんなのか!?

知っ…知らないよう〜。試しに何かかかせてみたら？

キィ〜〜

そうだな…これに何かかいてみろ。

そんなこと急に言われても…。

ホレ

卵ちゃんであることを証明してくれ!!

卵ちゃんではない！オレは須賀工作だ!!

オネガイ!!

変な名前で呼ぶな！

ムキーン

14

身の回りにはたくさんの絵がある！

絵って聞くと難しく考えがちだけど，みんなの持ち物や家の中，学校やテレビで目にするものなど…日常生活の中には「絵」がたくさんあるんだ。

絵は絵でも，イラストと呼ばれるものに注目してみよう。

本や雑誌などのさし絵

広告やチラシ，ポスター

お菓子やおもちゃのパッケージ

非常口，標識などに使われるアイコン

イラストでかかれているから，ひと目でわかるね！

例えばこのお菓子だって，全部文字だらけだったら，食べる気なくなるかもな。

同じイラストでも，タッチ（表現の仕方）を変えるだけで，伝わる印象がガラッと変わるよ。

クセのないタッチ

みんなに好かれる。教科書や広告など多くの人の目にふれるところで使われやすい。

リアル調

実在する人やニュースのことなどを正確に伝えたいとき，写真代わりにも。

まんが調❶

顔や頭身を変形させ，親しみやすく表現したもの。子ども向けの本や教材などで使われることが多い。

まんが調❷

いわゆる「少女まんが」などでよく見られるタッチ。キラキラした大きな目と抜群のスタイルが特徴。

同じ工作でも，雰囲気が全く違うね。オレもか…。

だれに，何を伝えたいかで，使い分けることが大切だね。

※注　ゴーニャン。

18

まねしてみよう！キャラのかき方講座

工作

①
輪かくは，ほっぺが
飛び出すように

②
目は丸く，
元気な印象を

③
前髪ギザギザ＆
1か所はね上げて

ニャッホ

①
輪かくは縦長に

②
鼻は小さく逆三角形

③
まゆ毛と目は
たれ気味に

ゴーニャン

①
横長の丸っこい輪かく

②
鼻の穴はしっかり
大きめ

③
まゆのしわは
くるんとさせて

ジム

①
だ円っぽい頭（体）に
小さめの丸い耳

②
おでこのしわ2本と
小さい目＆ブチがら

③
モフモフした鼻の下
からベロを出して

まんが も芸術だ！

チュンチュン…。

工作ー起きなさーい。

…ん？ アイツら あれ？は…。

工作。

一夢…？

起きろ。

マッスル体操の時間だ。

師匠ー今日もナイスマッスルですねぇ〜

フン！フン！

おい…。

師匠!!!

師匠!!!

なんだよ。あの強そうな犬は…。

もうボスに断ろうよ…。

でも工作が一週間の筋トレスケジュール組んでくれたから!!

むげにはできねぇだろ!!

アイツを0から育てるなんて計画は無理だよ!!

ガサッ

ガサッ

筋肉の声を聞くんだ！

ハイッ!!!

20

まんがをかくときの道具って？

まずはじめは，身近なものを使ってかいてみよう。

えんぴつや
シャープペンシル

消しゴム

ノートやコピー用紙，
チラシの裏など

本格的にかきたいと思ったら，少しずつ道具をそろえよう。道具は文房具屋さんや画材屋さんで手に入るよ。

コミック用マーカー

ホワイト

まんが用原稿用紙と定規

線の太さや種類も豊富な
まんが専用のペン。

白のポスターカラーで代用
可。修正やハイライト（光
の表現）などに使う。

デジタルでもかける！

直接画面に絵がかける液晶タブレットや，パソコンと
つなげて使うペンタブレットも便利。

まんがのかき方❶　4コマまんが編

❶登場人物を考えよう

人間でも動物でも架空のキャラでも○K。
最初は少ない人数がおすすめ。

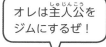

オレは主人公を
ジムにするぜ！

りんご

主人公　　　？

うれしい…

❷ストーリーを考えよう

ポイントは「起承転結」。話の結末が決まれば，全体を考えやすくなるよ。

りんごが立った!?

起　話の始まり

りんごをたくさん
買った主人公。

承　話が進む，
　　展開する

ひとつ落ちてし
まった。コロコロ
コロ…。

転　話の流れが
　　変わる

転がっていたりん
ごから，突然足
が！

結　話の結末
　　（オチ）

実はネズミが隠れ
ていたんだね。

4コマが難しいときは，「始まり」と「結末」の
2コマでもいいよ！

こんな工夫をすると，もっとよくなる！

フキダシ
頭の中で想像している時や驚いた時，ひらめいた時などに，形を変えると表現が広がる。

ポイント

先に文字を書いてからフキダシをかくと文字があふれないよ！

効果線
何かを強調したい時や，走っている時のスピード感など，線の数や太さで表す。

かき文字や背景
キャラクターの気持ちやシーンの雰囲気を盛り上げる効果がある。

いろんな表情が
かけるようになりたい！

登場するキャラの気持ちを表す時に大切なのが表情。まずは自分でその表情を作ってみて，目や口，まゆ毛やしわの感じを観察してみよう。

うれしい

目は細く，ニコニコと。口のはじを上げるのもポイント。

悲しい

まゆじりや口のはしを下げよう。涙を流しても○。

楽しい

口を大きく開こう。わあ～いと声が聞こえてきそう。

怒り

まゆじりを大きくつり上げて。口をへの字にすると静かな怒りに。

26

年齢の違いを表してみよう

子ども

目は大きく，顔のパーツはできるだけ寄せて下の方へ。顔の長さは短めに。

20〜30代

子どもよりも顔を長くして，目や鼻の位置を上げよう。まゆ毛もしっかりと。

60代〜

まゆ毛や目じりを下げる。鼻と口の間を空けて，耳を少し大きくかこう。

はずかしい

やや目線を下向きに，ほおを赤く見せる線や汗は絶対必要。

つらい

みけんのしわをこく，歯をくいしばると「何かにたえている」感じがでるよ。

どんより

顔全体を下げ，目を閉じて無表情に近づけて。陰も忘れずに。

びっくり

目を見開いて，黒目を小さくしよう。口も大きく開いて。

> 表情が違うだけで，こんなに気持ちが伝わるんニャ！

まんがのかき方って難しい？

あ〜〜〜っ!!
少年ダンプ買うの忘れてた〜〜〜!!

ビクッ

あいつらにつかまってたせいで!!

工作!
これ、こないだのおわびに!
買っておいた!

うっそ!
サンキュー!

さ〜て
今週のポークマスクはっと…。

ギャハハハハ
ポーク最高!!!

楽しそうだな。

ポーク…ビッグ…
うえっ…

と思ったら泣き出したよう!

ぐす…

う

忙しいヤツだな。

今週もいいマスクでした…。

パタン

お…?

スッ…

ニャッホ!
ゴーニャン!
こういうまんがについても教えてよ!

お!
長編まんがだな!

ワー

まんがのかき方❷　長編まんが編

基本的には４コマまんがと同じだけど，お話が長くなる分，本番（ペン入れ）前の下準備が大切になるよ。

❶

ストーリーを考える
テーマやあらすじを作るよ。キャラクターを先に考えても，もちろんＯＫ。

❷

キャラクターを練る
性格を中心に，キャラクターがこれからどう動いていくかを考えよう。

❸

ネームをかく
ネームとは，コマ割りやセリフ，絵の位置などを大まかにかいたものだよ。

❹

下絵をかく
本番用の紙（原稿用紙など）にえんぴつでていねいにかきこむよ。

❺

ペン入れ
下絵の線をもとに，黒のペンでついに本番。

❻

仕上げをして完成！
下絵の線を消しゴムで消したら，完成。

さらにっ！
長編まんがには，４コマにはないコマ割りってのがあるんだ！

テクニックの見せどころ，コマ割り

わく線で区切られた「コマ」が集まってできる長編まんが。コマの大きさや配置によって，読みやすさや面白さが変わるよ。

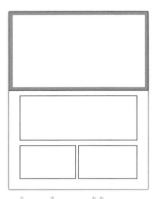

裁ち切り（大ゴマ）
コマを紙いっぱいまで広げると，迫力満点の大ゴマに。

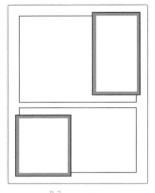

重ねゴマ
コマを重ねると，場面が変わる時や強調したい時にぴったり。

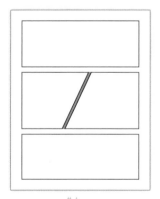

コマの線がななめ
ななめの線で区切ると，ドラマチックになるよ。

コマからはみ出す
コマからキャラなどが飛び出すと，読者の視線が集まるよ。

まんがに動きやアクセントを加えるのがコマなんだ。組み合わせても OK だよ。

散らかってますが…

食べんと　食べあり

ミチロウさんにインタビュー

Q まんが家を目指したきっかけは？

A 小学生の時に，少年ダンプで連載していた『キョウリュウボール』にあこがれて。

Q 小学生の頃はどんな風に過ごしてた？

A ひたすらまんがをかきまくってました。友達に見せて感想を聞くときは，ドキドキしたけど，楽しい思い出です。

Q まんがをかくときに大切にしていることは？

A まずは，楽しんでかくこと。読む人の反応を想像しながらかくのが好きです。

Q まんがをかいていて一番楽しいことは？

A 散歩をしている時や，食事をしている時など，ふとした時に思い付いたアイデアをまんがで表現できることです。

Q まんが家を目指す子にアドバイスを！

A お話が最後までかけないことってよくあるんです。あきらめたり，お話が続かなかったり…でも，何か１本お話を完成できると自信がつくはずです。

ミチロウさんプロフィール
出身地…山形県　**好きな食べ物**…工作のお母さんの手料理
好きな言葉…少年よ大志を抱け
モットー…読んだ人がハッピーな気持ちになれるまんがを届けること
ひそかな自慢…実は運動神経がいいこと

アニメのしくみってどうなってるの？

アニメ（アニメーション）とは，少しずつ変わる絵を連続して見ると，その絵が動いているように見える表現のことをいうよ。

ここを見てみー。

パラパラまんがと同じしくみだね。

ゾートロープを作ってみよう

ゾートロープとは，アニメーションのしくみをわかりやすく見せる装置のことだよ。

用意するもの ●紙コップ ●黒のペンまたはビニールテープ ●好きな色のペン
●はさみ ●ストロー ●セロハンテープ

1

紙コップを高さの半分の大きさになるように切る。

2

底の方の紙コップを使い，外側をペンまたはビニールテープで黒くする。

3

紙コップの切った口に8等分になるように印をつける。

4

❸の印に合わせて，幅5ミリのすき間が空くように切る。

5

ストローに切り込みを入れ，紙コップの底の中心にセロハンテープではる。

6

紙コップの1つ面の大きさに切った紙8枚に，連続した8コマの絵をかく。

7

紙コップの内側に，8枚の絵を順番にセロハンテープではる。

8

完成！

くるくる回すと，絵が動いているように見える。

36

ごめんて〜〜。アニメをバカにしたわけじゃないんだよぉ。

ちょっとカッコつけちゃったんだよ〜〜

みんな〜♪おやつよ〜。

...

ママ特製キューティープリンちゃんよ♥

でん...

チョコペンでデコってみたの〜♥

さすがお前の母ちゃんだな...。

ぼくもプリンちゃん好きですよ...。

ス...

あのアニメを作る全ての方に感謝ですね。

ミチロウさん、いつからそこに！

アニメーションができるまで

アニメーションを作るため，たくさんの人が分担して作業をしているよ。主な担当者を見ながら流れを知ろう。

〈一例〉

❶ 企画・構想を練る

話の骨組みを考える。シナリオの内容を絵で表したもの（絵コンテ）を作る。

`シナリオライター` `アニメ監督` `演出家`

❷ アニメのもととなる絵をかく

動きのポイントになる絵を中心に，動作の間に入る絵をかく。

`作画担当`

❸ 動画にする

30分アニメ1話あたり，3000枚前後の絵が必要。パソコンで行うことがほとんど。

`作画担当` `動画担当`

❹ 色や背景を重ねて撮影する

キャラの動きに合わせて，背景を作成。それぞれの素材を合体させて映像に仕上げる。

`色指定担当` `背景担当` `美術・撮影監督`

❺ 音声を入れて編集する

キャラのセリフを吹き込む。BGMや効果音なども加えながら最後の編集作業を行う。

`声優` `編集監督` `CGクリエーター` `音響担当`

❻ 完成！

たくさんの担当者がそれぞれの作業を終えて，ようやく作品ができあがる。

30分のアニメを作るのにも、大変な手間がかかっているんだなぁ。

うぅ、ぅん……

ぐっ

ママのプリンちゃんも24時間かけた大作なのよ～。

見た目はともかくうまかったです！！

見た目はともかく？

深く考えるな！

よーしお前たち！糖分をとったら次はわかるな？

筋トレだ。

ムキー

筋トレせざるものおやつ食うべからーず！！

らーず！

じゃぼくは〆切があるから……

食べた後に言わないで～。

わーっ

コスチューム 最新 コレクション

正装＆おめかし スタイル

キリリ！

まるで普通の正装着のように見えながら，実は一枚の布で作られた特注品。ちょうネクタイのみ取り外しが可能。

水着スタイル

寒いよぉ

早く来いっ

冷たい水から2匹の体を守ってくれる一着。おぼれやすいニャッホは目立つ赤白のボーダーをチョイス。

変装スタイル

ポロッポー

怪盗に欠かせない変装スタイルで木に変身した時のもの。あまりになじみ過ぎて鳥が巣を作ったこともあるとか。

着物スタイル

雅びじゃ

正月や春のお茶会など，意外と和の行事への出席も多い2匹。袖をふれる優雅さがポイント。

2章

伝わる絵を
かいてみよう

あれにしよう!

静物・人物をかいてみよう

42

静物をかいてみよう❶

どんな物ならかきやすい？

ポイント1 なるべく平たい物

➡ 奥行きを考えずにかきやすいよ。

○ 葉っぱ

✕ 立体的で複雑な物，キラキラした物（ガラス製など）

ポイント2 手元に置けるサイズ（ティッシュ箱が目安）の物

➡ 全体がひと目でわかるから，かきやすいよ。

○ 筆箱

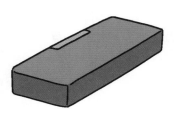

✕ ボリュームのある，大きい物

まずは，じっくりと物を見る練習だと思ってファイト！

もっとかっこよくて大きい物をかきたいなー。

静物をかいてみよう❷

実際にかくときは…
手元に置いて，大きさや長さを比べながらかこう。

同じ大きさにかけ
ばいいから，かき
やすいね。

おすすめの題材例

葉っぱや平たい花

スプーンやフォーク

文ぼう具

おかしの箱

歯ブラシ，歯みがき粉

マスクなども
いいね。

身の回りでもっと
探してみよう。

人物をかいてみよう

顔をかこう

①

じっくり観察する

真正面か真横から見てかくようにする。細かい部分まで，モデルの人をじっくり見よう。

②

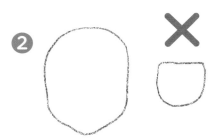

頭と輪かくをかく

頭はぼうしがかぶれるように丸く，目や口をかきやすいように輪かくは大きめにかこう。

③

鼻をかく

立体的だから，顔の中で一番難しいところ。輪かくの中央にかこう。

④

目とまゆ毛をかく

黒目の大きさで印象が変わるよ。まゆ毛は1本1本生えている方向を確認しながらかこう。まつ毛も忘れずに。

⑤

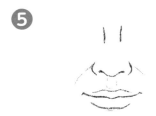

口と口のまわりをかく

口のわきや鼻の下には線が見えるね。かく時はうすく細くかこう。濃くかくと変な感じになるよ。

⑥

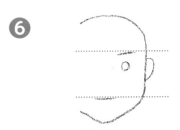

耳をかく

耳の位置に気をつけよう。真正面から見て，耳がどのあたりにあるか注意しながらかこう。

⑦

髪の毛をかく

髪の毛は１本ずつかく。前髪がまゆ毛にかかっているかなど，長さをしっかり見てかこう。

親指はついているところが別なので，他の４本と分けてかく。ミトン型の手袋をイメージしてみよう。

全身をかこう ▶

頭➡足，頭➡手などのはなれたところは大きさを比べにくいので，バランスに気をつけて。靴を顔の横に並べてみると，意外と足が大きいことを実感できるよ。

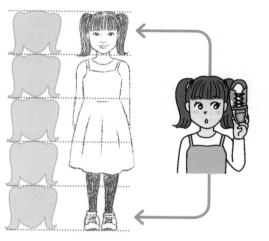

よし、家に帰って人をかく練習するわ。

またな！ネコ!!

フニャー!!
オレは人間だニャ!!

よ〜しよしよし
オレをかわいがるニャ！

絵のおなやみ相談室

※音声は変えてあります。

おなやみ①

アニメのキャラクターばっかりかいてちゃだめなんですか。

小学3年生・Kくん

回答

自分のかきたいものを自由にかいていいんだぜ！ 学校の宿題でテーマが決まっているものは注意が必要だけど，「かきたい」気持ちを大事にな。

おなやみ②

下がきするときに，間違えたので消しゴムで消したら紙が破れてしまって…もうイヤだ！

回答

1本の線でこく強くかかず，うすい線を何本も使ってかいてみよう！ 短時間で全体像を大まかにかくクロッキーという手法があるよ。サササッとうすくかくから消しやすいよ。

ササッ

おなやみ③

何をかいても，全然似てないんだけど…。

回答

観察するときは，パーツごとに注目してみよう。一気に全体をかこうとしないで，まずは頭，あし，おしりといったようにいくつかに分けて，それぞれじっくり見ながらかくといいよ。

頭　おしり　あし

おなやみ④

ハー…。もうやる気なくなったー。

回答

かこうとしている題材が難しすぎるんじゃないか？　p.43をもう一度おさらいして，手元に置ける簡単な物からかいてみようぜ。イヤになったら，休けいをはさもう！　人物のモデルなら，またたのもう！

カンタンなものから…

風景をかいてみよう

50

風景をかいてみよう

ポイント1 ポイントになるものを探そう

ポイントにするものは「木1本」「ブランコ」などでOK。まずはポイントをしぼって，ていねいにかこう。その後に背景をかくよ。

あれにしよう！

ポイント2 風景を切り取ってみよう

画用紙の縦横とだいたい同じ比率の四角を用意して，その中に風景を入れてみよう。そうすると，自分が風景のどの部分を切り取って絵にしたいのかがイメージしやすくなる。

指でカッコを作る

紙で四角い枠を作る

ポイント3 画用紙に印をつけよう

画用紙を横・ななめの線で区切って, どこに何をかくか（＝構図）を決めよう。

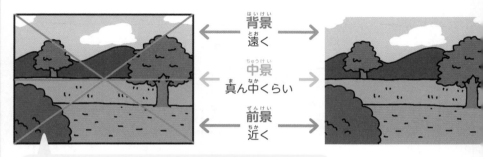

背景
遠く

中景
真ん中くらい

前景
近く

補助線 実際にはないけど, 絵をかく助けになる線だよ。

ポイント4 自分の絵をはなしてながめよう

かいている途中で, ときどき絵をはなして見てみるといいよ。電柱や川の線がななめになっていないかなどをチェック。

見えねえ…

遠すぎ
よ…

じっ

定規は使わない

線をまっすぐかきたいからといって, 定規を使うと, 不自然になってしまうことが多いよ。定規はなるべく使わないようにしよう。

風景の色をぬるには？

ポイント1 できるだけ遠くの色からぬろう

➡ 手前の色からぬると，遠近感を出すのが難しくなるよ。

ポイント2 空，山，海，草原は水平にぬろう

➡ 一筆で水平にぬりながら重ねていくと，広がりが伝わるよ。

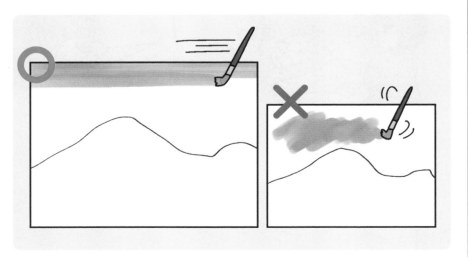

➡ 実は茶色だけの樹皮（木の皮）はないし，草の緑色にも
いろいろな種類があるんだ。

絵筆を使いこなそう

絵をかくのに欠かせない絵筆は，ただ色をぬるだけの道具じゃない。かきたい物やねらう表現によって使い分けると，絵をかくのがもっと楽しくなるんだ！

だれ…

いろいろな種類の筆があるよ

丸筆　力の入れ具合によって細くも太くもかける万能な1本。太さもいろいろ。

平筆　筆の向きによって，広い面をぬったり，線をかいたりと変えることができる。

ぬる範囲によって使い分けよう！

使う時は…　水1：絵の具1の割合で溶いた絵の具を筆にふくませたら，パレットのふちでしごいて余分な水分をとろう。筆の先をとがらせるとぬりやすいよ。

絵の具にも種類がある

水性の絵の具
水で溶いて使うおなじみの水彩絵の具や，かわくと水をはじくアクリル絵の具など種類豊富。水の量を調整して，にじみや透明感のある表現ができる。

油性の絵の具
重ねてぬることで重厚感のある作品や写真のような絵に仕上げることができる。色持ちがよく，長期保存できるが，落ちにくいので取りあつかいには注意。

いろいろなぬり方をしてみよう！

水をたくさん
ふくませてぬる（にじみ）

紙にたくさん水をふくませてから絵の具をぬると，絵の具が染みて広がり模様のように。空や雲をかくのにぴったり。

水をほとんど
つけずにぬる（かすれ）

草や動物の毛並みなどをかくときにおすすめ。水を少ししか使わないので，乱暴にぬると筆が傷みやすいよ。

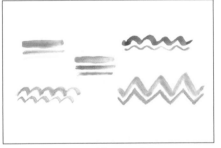

いろいろな太さの線でかく

太い線と細い線を組み合わせてかく。筆の太さを変えて，作品にメリハリをつけよう。

点で表現する

風景画に向いている手法。山はだや花畑，河原の石など，さまざまな色の点だけで表すことができるよ。

ひと言で「ぬる」といってもいろんなぬり方があるんだ！

ぬり方によって，受ける印象が全然ちがうね。

もっと知りたい！絵の具を使ったテクニック

筆以外の道具で表現してみよう

絵の具をつける道具は筆だけじゃない！ いろいろな道具や身近な物を使えば，もっと新しい表現に出合えるぞ。

ローラー
転がして，広い範囲を一気にぬる。

ビー玉
箱の中に入れて傾けながら動かしてぬる。

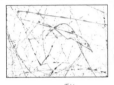

いろいろな容器
スタンプのように容器の型を押していく。

スポンジやかんしょう材
いろいろな大きさや形にカットして押す。

たこ糸やひも，なわ
こすったり，ひいたりしてあとをつける。

手や指
自由に動かしてかく。

色の表現の仕方はたくさんある！

スパッタリング

歯ブラシに絵の具をつけて，あみ状のものをこする。型紙を置いた上からこすると，その形がうかび上がるよ。

マーブリング

❶水をはったバットにマーブリング用の絵の具を数てきたらす。❷棒で静かに流れをつけて模様をつくる。❸紙を水面に静かにのせ，5〜10秒で取り出す。新聞紙にはさんで水気を取るときれいに仕上がる。

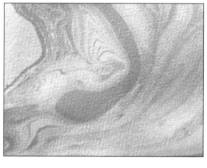

デカルコマニー

❶紙を二つ折りにして，片方の面に絵の具をのせる。❷紙をたたんで上からこすり，開く。

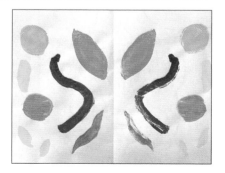

表現って奥が深いにゃー。

ふき流しは筋トレにも使えそうだな。

ドリッピング❶ふり落とす

水を多くふくんだ絵の具を紙の上にふり落とす。

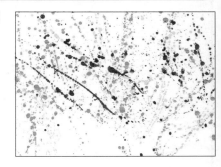

ドリッピング❷ふき流す

水を多くふくんだ絵の具を紙に落とし，それをストローで勢いよくふくよ。

はじき絵

❶油性のクレヨンなどで絵をかく。
❷その上から水彩絵の具をぬる。

❶

❷

2章 伝わる絵をかいてみよう

コラージュって何？

ミチロウさん、新人賞のしめ切りっていつなの？

ん〜？一週間後かな。

へ〜どれくらい進んでるの？

それがさ、

まだ1ページもかけてないんだよ〜。

えっ。

それマジやばいじゃん。

コラージュしてみよう

コラージュとは，フランス語で「のり付け」という意味。折り紙や布，リボンなどを自由に組み合わせて，台紙にはり付ける技法のことをいうよ。

ちぎり絵に挑戦

用意するもの ●はさみ ●のり ●折り紙 ●画用紙 ●下がき用のえんぴつなど

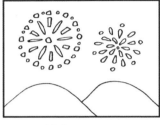

下絵をかく。

折り紙などを切る，ちぎる。

好きなところに組み合わせながらはる。

はる紙の大きさをそろえても，バラバラにしてもいいぜ！

折り紙の代わりに，和紙を使うと，風合いが変わって面白いよ。

こんな方法もあるよ！

紙の代わりに，マスキングテープを使うのもおすすめ。のりが不要で簡単にできるし，色や柄，はばが豊富なので，いろいろ試すことができるよ。

他にもこんな素材でコラージュしよう

毛糸や
あさひも

シール

布やリボン

新聞紙や包装紙・
チラシや写真

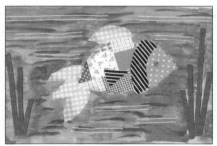

友達と何人かで
共同制作しても
いいかも！

萌絵ちゃんと…♡

いろいろな素材を
使って組み合わせ
るのも楽しいよ。

アプリでコラージュしてみよう

切ったり，はったり，組み合わせたり…。
コラージュの楽しい世界はアプリでも体験できるよ。

コラージュアプリを
ダウンロードしてみよう。
自分でさつえいした写真を自由
にならべて画像を
作ることができるよ。

友達に送ると
楽しいかも♥

画像をただならべる
だけじゃなくて，
かわいいフレームや
スタンプで装しょく
できるよ！

アプリをダウンロードする時は，必ずおうちの人の
許可をもらってから！

画像提供：写真編集アプリ DecoBlend（デコブレンド）

好きなものをかいてみよう

ニャッホ…オレたち すっかり工作と 仲良くなっちゃっ てっけど。

そっそうだね…。

ん？

スパコーン！

ななな 何なの〜!?

もしかして 今の話、 聞かれた…？

お前たち。

工作の部屋で ドーナツ 食わんか。

あっありがとう…。

ホッ。

70

工作は本当にポークマスクが好きなんだな!

おう!

ポークマスク

P

どのキャラクターも仮面が最高にカッコいいんだ。

オレもこんなキャラクターが作れたらな〜。

それなら作ってみたらいいじゃねーか。

そうだよ!頭の中の物をかく絵だっていいんだよぉ♪

えっ。

楽しい気分を色や形で表現してもいいんだぞ!

…って聞いてないな。

オレが考えるキャラ ワクワク

最強の

絵のテーマってどんなものがいいの？

基本は自由に好きなものをかけばいいんだ。ただ，かきたいものがうかばないときは参考にしてみよう。

思い出

楽しかったこと，心に残ったこと。

例 遠足や運動会，家族旅行など

物語の一場面

好きな物語の一場面を切り取る。

例 教科書のお話や自分の好きな本など

自分の好きなこと

だれかに伝えたい自分のこと。

例 好きな食べ物や家族，ペット，遊びなど何でも

想像の世界

頭の中のイメージを形にする。

例 ありえないことや，こうだったらいいなと思うことなど

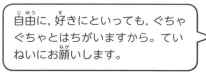

自由に，好きにといっても，ぐちゃぐちゃとはちがいますから。ていねいにお願いします。

2章 伝わる絵をかいてみよう

ニャッホとゴーニャンの日常

74

ジムの宝物

白によって変わるおしゃれパンツ

おやすみパンツ

黄金の勝負パンツ

エプロンパンツ

まだまだあるジムのパンツコレクション

日本一パンツ

**パーティー用
パンツ**

**p.62 で偶然生まれた
おしゃれパンツ**

小さい頃工作に初めて
もらった思い出パンツ
（今はもうはけない）

ダンベル

普段のトレーニング用

いつか持ちたいバーベル

プロテイン

プロテイン
すごく甘い
生クリーム味。

携帯用
外でも気軽
に飲めるぜ！

固形タイプ
ガリッと
そうかい！

こう見えて
甘党なんだ。

※犬にプロテインを与えてはいけません。

3章

興味のある表現方法はどれ？

ニャッホとゴーニャンはどうやって知り合ったの？

オレたちか？

ぼくたちはねぇ〜。

ふんぬぬぬぬ

ポスターを見て応募を…。

ポスター？応募？

美術部みたいなところのね！

怪盗団の仲間募集！
応募条件
→美術が好き
○×ー△○□○×ー□××○
ヨロシク！

それなら…。

オレも筋肉部の部長だから部員募集のポスター作りたいなー。

でも、うちプリンターがないんだよな…。

シーッ

版画で作ってみようよ！

木版画の作り方

①

下絵をかく
トレーシングペーパー（写し紙）
などに好きな絵をかく。

②

ポイント

仕上がりが
反転しない
よう，必ず
裏返しに。

かいた絵を木に写す
かいた絵を裏返しにしてカーボン紙
（複写できる紙）をはさみ，
ボールペンなどでなぞる。

③

ほる
ちょう刻刀でほる。刃の先には絶対に
手を置かないこと！

ポイント

- ●ちょう刻刀のあつかいには気を付けよう。
- ●ほった部分が白く表れることを考えながらほろう。

④

インクをのせる
よく練ったインクを，
ローラーで木にムラなくのせる。

⑤

刷って完成！
紙をのせて，バレンで円をかくように
こすったら完成。

ちょう刻刀の種類

丸刀
丸みのある線がほれて，広い面もラクラク。

平刀
広い面を平らにほりたいときに使う。

三角刀
V字の刃で細かいところや細い線がほれる。

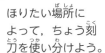

ほりたい場所によって，ちょう刻刀を使い分けよう。

イモ版や消しゴムハンコに挑戦！

用意するもの ●サツマイモやジャガイモ ●消しゴム（大きめのものか専用のものが使いやすい）●ちょう刻刀 ●カッター ●つまようじ（刺して穴をあけるなどに使う）●絵の具やスタンプ台

作品例

思ったより簡単！

味があるね！

ハンコ専用の消しゴムは色がついてて，ほったところがわかりやすいぞ！

うまくいく **コツ５**

● ほるところの少ないものから始めよう。

● ほりやすいやわらかい素材を選ぼう。

● カスや汚れはこまめに取り除こう。

> 版を押したときに写ってしまうよ。

● スタンプするごとにアルコールティッシュなどでハンコをふこう。

> 色が混ざるのを防ぐよ。

● 布やペーパーしんなどに押しても楽しい。

> 木より手軽なのに，味わいはいい感じ。

ねん土でプレゼント!?

最近師匠の考えてくれたメニューもマンネリだなー。

ガーーン

何か新しい風をふかせたいよなー。

何にあきたのか工作…

ハァ!!
セイ!!

ん？

ハァ…

あいつらまた庭でさわいで…。

こっこれは…!!

ハァァァ…!!

ズダダダダダ

オレが求めていたトレーニング!!

仲間に入れてくれ!!

おっ…お前…!!

ゴフッ

82

ねん土の種類が知りたい！

油ねん土
のびがよく，固くならないので
くり返し使うことができる。

紙ねん土
軽くて使いやすく，
絵の具などで着色できる。

土ねん土
乾燥後に水を加えるとやわらかく
なる。種類が豊富で焼けるタイプも。

ねん土がつきにくい
ねん土板があると便
利だぜ！

ねん土をこねて形を作ろう

手や道具を使って，自由に形を変えられるねん土。でき上がりを想像しながら，いろいろな形作り，模様作りにチャレンジしよう！

基本の形作りに挑戦

様々なパーツを作ってみよう。組み合わせたときに，思わぬ作品に仕上がるかも!?

にぎる

ねじる

ひも状にする

丸める

板状にする

ねん土のかたまりの両はじに板を置き，その上で棒を転がし，のばして板状にする。

糸でカットする

ジャーン

アドバイス

作りたいものを，まずは紙にかいてみよう（設計図）。どんなパーツが必要かわかるよ。

84

いろいろな道具で模様をつけよう

ヘラで模様をつける

空き容器で型おしする

かぎベラで穴をあける

他にも，つまようじで穴を
たくさんあけたり，はさみ
で切ったりしてもいいぜ。
道具がないときは手や指で
オッケーだぜ。

紙ねん土をカラフルにしよう

あらかじめ，ねん土に色を混ぜる

紙ねん土の真ん中に
好きな絵の具を出す。

絵の具が混ざるように
よくこねる。

完成！
完全に混ぜ合わせなければ
マーブル模様になるよ。

アドバイス

しわのようなひびが入ってしまっても，水を混ぜてのばすのはダメ。
かわいた時にねん土がボロボロになってしまうんだ。

でき上がったねん土に色をぬる

紙ねん土で
好きな物を作る。

色をぬる。かわいてからの
ほうがぬりやすい。

完成！
ニスをぬるとツヤが出て
仕上がりもきれい。

アドバイス

目や口を絵の具でぬると，どろっとたれてきてしまうことも。細かい
パーツは，フェルトペンなどでぬるのもおすすめ！

こんなにあざやかな作品ができるよ！

作・鈴木動物園前

3章 興味のある表現方法はどれ？

オーブンで焼き物を作ろう

「かまがないと，焼き物（とう芸）なんて無理！」と思いがち。でも実は専用のねん土を使うと，台所にあるオーブンでねん土が焼けるんだ。

用意するもの　●オーブンで焼けるねん土　●ねん土板　●アクリル絵の具など着色ざい
●コーティングざい　●筆　●へらやのし棒（あると便利！）

①形を作り，乾燥させる

ねん土板を使い，のし棒でのばしたり，手でひねったり，ひも状にしたねん土をまいたりしながら，形を作る。しっかりと全体を乾燥させる。
※乾燥中にひび割れてしまったら，ひびの部分を水でぬらし，水を加えてペースト状にしたねん土をぬりこもう。

  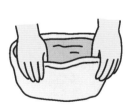

②着色ざいで模様をつける

完全にかわいたら，アクリル絵の具で色や模様をつける。再びしっかりと乾燥させる。

❸オーブンで焼く

オーブンの温度は 160 〜 180℃，時間は 30 〜 60 分を目安に焼く。
必ず温度設定のできるオーブンを使用。
ねん土の説明書も確認しよう。
必ずおうちの人と一緒にやろうね。

まだかな…

❹コーティングざいをぬる

食器として使用するのであれば，水や油に強いコーティングざいは必須。内側はもちろん，全体にぬる。

師匠のごはん皿

ワ〜イ!

❺オーブンで焼く➡完成!

再び乾燥させてから，100 〜 110℃の低温で約 20 分焼く。
焼き上がりはとても熱いので注意。

こんなステキな作品ができるよ!

90

ポップアップカードの作り方

開くと，パッとしかけが飛び出す楽しいポップアップカード。
材料も色画用紙だけで簡単にできるよ。

ポップアップカードの基本に挑戦

1

紙を折る。

2

よく折る。

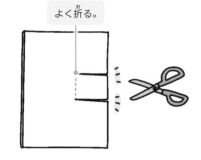

はさみかカッターで
切りこみを2か所入れる。

3

裏からおすように折るよ。

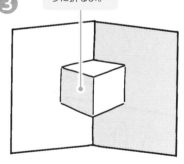

紙を開き，切りこみが
飛び出すように折る。

4

げんき？

おたんじょうび
おめでとう!!

絵をかいたり，別に
作ったものをはったりしてかざる。

❷でしっかり切りこみを折っておくと，❸で飛び出しやすくなるよ。

基本ができたら…もうひと工夫！

段をたくさん作ることもできるよ！

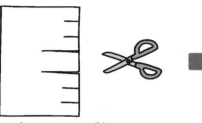

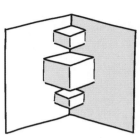

切りこみを2本ずつ
何か所かに入れて開く。

切りこみの深さを変えると
大きさのちがう段ができる。

くちばしにもなるよ！

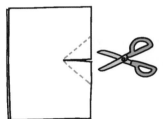

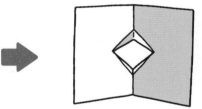

切りこみを1本入れて，
上下ともななめに折る。

開いてから，折った部分を
上下におし広げる。

完成したら，台紙にはろう。がんじょうになるし，
見栄えもいいよ～。

紙のいろいろな遊び方

切り紙

紙を折って，はさみやカッターで切りこみを入れよう。開くと，いろいろな形が現れるよ。三角や四角などの折り方や，好きな切り方で試してみよう。

雪の結晶

 切って広げると…

ネコの手つなぎ

 切って広げると…

紙細工

細長く切った紙や，小さく切った紙を使って作るよ。折ったり，はり合わせたりすると，いろいろな作品ができるよ。

うさぎ

あじさい

アドバイス

直線はカッターで，曲線ははさみで切ると，きれいに仕上がるぜ。カッターは使い方に気を付けよう。

⇒アジト大公開⇐

衣装部屋

今日はどれ着よう〜。

ニャッホとゴーニャンの部屋

←衣装部屋につづくハシゴ

ZZZ...

シ〜ン

げん関

有名絵画やちょう刻がずらりと並ぶ。

96

図書室

スヤァ…

ボスの部屋

庭

トレーニングと洗濯にはげむ。

ユニホームの秘密

へ？

あんた達…
何なのその
ボロボロの衣装は！

アタシが
修理してあげる
からおぬぎ!!

ウチの怪盗団の
評判が落ちる
じゃないか！

ポ ポ ポーン

ワー

ボスも案外
やさしいよ
ね〜。

ずっとおしりが
スースーしてた
から助かるぜ。

予備のマスク

ホラできたよ！
着てごらん！

ちょっと
待ってな！

バタン！

のこぎり・金づちってどう使うの？

木材をあつかう時に欠かせない，のこぎりと金づち。ただし，使う時には十分に注意が必要だよ。おうちの人と一緒にやろう。

のこぎり

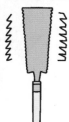

両刃のこぎりには，小さい刃と大きい刃がある。木を切る向きによって使い分けよう。

木目にそって切る時は大きい刃，木目を横切るように切る時は小さい刃で。

両手で切る時は，利き手で柄のはしを持とう。

のこぎりの真上に顔がくる姿勢で切る。

切る時は木材を足でしっかりおさえること。のこぎりは引く時に切れることを忘れずに。

台を使うと切りやすくなるよ。

切り始めと切り終わりはゆっくりと。

金づち

丸い面　平らな面

❶ 始めはくぎに手をそえて，平らな面で軽く打つ。

❷ くぎがささったら，柄のはしの方を持ち，平らな面で強く打つ。

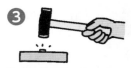

❸ 最後は丸い面で打つ。

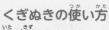

くぎぬきの使い方
板が傷つかないよう当て木する。くぎぬきの上の方を持ち，手前に倒す。

約束だ！

他にも，使わない時の置き場を決めるなど，おうちの人と一緒に安全に使おう！

木材で作ってみよう

道具の使い方の基本がわかったら，何か作ってみよう。

ペン立てを作ろう

必要な木材

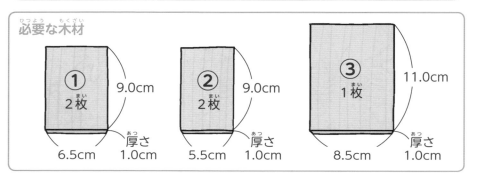

① 2枚　9.0cm　厚さ1.0cm　6.5cm

② 2枚　9.0cm　厚さ1.0cm　5.5cm

③ 1枚　11.0cm　厚さ1.0cm　8.5cm

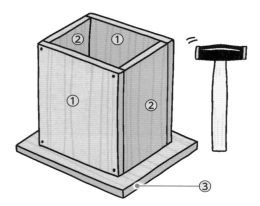

❶ 木材①と②を木工用接着剤で左のように組み合わせる。

❷ 組み合わせたら，しっかり固定するためにつぎ目にくぎを打つ。

❸ ③の板に❷で作ったわくを木工用接着剤でくっつける。

アドバイス

ムダなく使うために

使いたい大きさに木材を切る場合は，右の〇の図のように使うと，切る手間も省けて，ムダなく木材を使うことができるよ。紙の場合も同じなので覚えておこう。

木材の中央に下がきして切り出すと周りがムダになる！

×

切る部分が少なくてすむよ！

〇

デコレーションしよう！

木片で顔や模様をつけよう

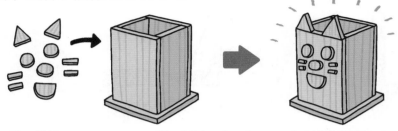

丸や三角など，いろいろな形の木片を組み合わせて木工用接着剤ではろう。
わりばしやつまようじも使えるよ。

自由にデコってみよう

マスキングテープをはってはなやかに！

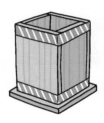

ねん土でかざって，色をつけるのもＯＫ！

色をぬろう

❶
ほこりやよごれを落とそう。紙やすりでみがくと，仕上がりがきれいに。

❷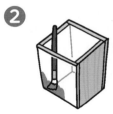
角などぬりにくいところから始めよう。

❸
往復してぬるのはダメ。かわかしてから重ねてぬろう。

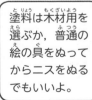
塗料は木材用を選ぶか，普通の絵の具をぬってからニスをぬるでもいいよ。

自然を使ってアートしよう

オレはジム。工作の師匠だ。

今日は2人で公園にやってきた。

工作はぬけてるところもあるが明るくていいヤツだ。

あっくっ バラバラだ！ まあいいか ガハハハ

そんな工作をオレは

スーパー怪盗ジャンプ その4ッ…

スッ スマン!!

おいっ 何しやがる!!

ガルルルル

ふぎゃ～っ。

どしーーん

えーと…。 ハッ

作品の素材集めをしているんだ。

あっゴニャンじゃん 何してんだー

素材集め？

106

自然もアートの素材になる！

落ち葉や木の枝，石など，身近な自然も立派な素材に。拾って集めて，想像力をふくらませよう。

葉
➡葉を使った絵

枝
➡枝で作る立体的な家

木の実
➡松ぼっくりツリー，どんぐり動物

石
➡ストーンペイント

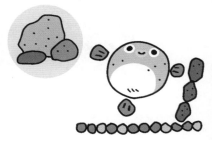

自然の素材を使うと，特別な味わいが出るね。

貝がら
➡写真立て

自然と遊ぶアートも！

落ち葉を集めて形を作ったり、それに模様をつけたり。落ち葉の色でグラデーションをつけるのも楽しい。

雪で作った同じ形の作品をいくつも並べる、大きな雪像に細かい細工をするなど。とける時間とのたたかいも。

砂浜に絵をかき、拾った石や流木と組み合わせる。潮の満ち引きも作品にえいきょうする!?

あっ
師匠!

工作!!

ニャッホと
ゴーニャンのこと
なんだが…。

聞いて
聞いて！
来週
萌絵ちゃんの
誕生日
なんだって。

えっ。

プレゼント用意
したいんだけどさ～。

なんか
いい
アイデア
ない～？

くっ苦しい
工作！
はなせ！

お父さんはよく
手作りのプレゼント
をくれたわよ…。

グッドラック…
母さん！

使えそうな材料
置いとくから！

110

身近な物は材料になる！

よく目にする空き箱や容器，落ち葉といった自然物など，私たちの周りには工作の材料がたくさん。いざという時に使えるよう，日頃から集めておこう。

こん包用
かんしょうざい

包装紙

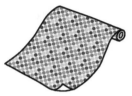

布

木の板

段ボール

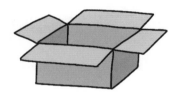

毛糸

木の実など

空き容器，空き箱

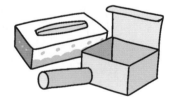

針金，キャップ

プラスチックのパックや容器

テープやシール

組み合わせてもっと楽しい！

いろんな材料を組み合わせると，想像以上の作品ができるかも!?

紙ねん土 ＋ 空きびん ＝ 花びん

空きびんをおおうように紙ねん土をつける。ビー玉をうめこんだり，色をぬったりしてかざろう。木工用接着剤を使うと，はがれにくいよ。

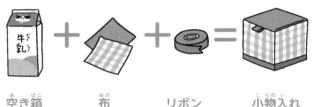

空き箱 ＋ 布 ＋ リボン ＝ 小物入れ

空き箱に木工用接着剤で布をはる。ふたのはしに，二つ折りしたリボンをつけるとおしゃれな取っ手に。

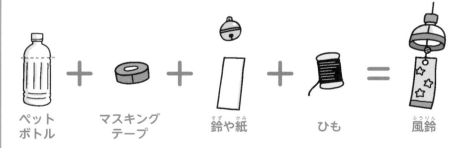

ペットボトル ＋ マスキングテープ ＋ 鈴や紙 ＋ ひも ＝ 風鈴

ペットボトルの上の部分をカッターで切り，切り口にそうようにマスキングテープをはる。ふたにきりで穴を開けて，鈴や紙をつけたひもを通す。

たくさん集めたら何ができるか楽しみだな。

素材一つだけだと思いつかないような作品ばっかりだね。

須賀家とミチロウさん

とつ然ですが
みなさんは
気づいて
いましたか？
須賀家に
ナチュラルに
なじむ
ミチロウさんに…。

え？
ボク!?

なぜいつも
この家に
いるんですか？

え〜〜〜
と…

えっと

お金が
ないらしいぜ。

この時
も…。

そして
この時も…。

ゴーニャン!!
そんな
デリカシーの
ない!!

いつでも
食べに
来てね！

ありがとう…
ボクがんばる
よ…。

え〜
だって前あいつ
言ってたぜ〜？

114

4章

美術を鑑賞しよう

みんな集合〜

よーし。今日はこの美術館でアートにふれてみよう。

昨日はジムが暴れて大変だったなー……。

と、その前に……。

こちらの美術館の館長さんだ。みんなごあいさつしましょう。

若人よ！カカカカカカ！

わからないことは何でも聞いてくれ！

館長さんだったのか…ホエ〜。

あっ!!あのじいさん!!

よろしくお願いしまーす!!

この間の…

一方、その頃…。

116

今とはちがう！　昔の絵画のかかれ方

絵は好きなようにかくもの，観て楽しむもの…でも，昔はそれだけじゃなかったんだ！

絵画は報道写真やお見合い写真の代わりだったって本当!?

▲お見合い写真代わりにかかれたといわれている「マリア・テレーサ王女の肖像」

写真や映像がまだなかった時代は，火事や事件を知らせるための報道写真や，お見合い写真の代わりに絵がかかれることがあったんだ。

▼天災を伝えるかわら版（現在の号外新聞）

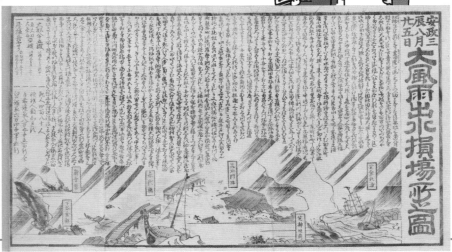

118

1枚の絵を複数の人でかいていたって本当!?

昔は1枚の絵を1人でかくのではなく，工ぼう（今のデザイン会社）で複数の人が協力してかいていたよ。下がき，仕上げのほかに花や空，天使などの担当に分かれていたんだ。

▲「アケロオスの祝宴」ピーテル・パウル・ルーベンス

お金をたくさん出した人ほど良くかいてもらえたって本当!?

▲「夜警」レンブラント・ファン・レイン

集団肖像画（ある団体の人をまとめてかいた絵）をかいてもらう時は，たくさんお金を出した人から順に，手前に大きくかいてもらえたんだ。

絵のかかれ方がちがうなんて，知らなかったよ。わかってからだと，昔の絵画がまたちがって見えてくるね。

美術館・博物館でのマナー

✖ 大きな声で話さない！

静かに観たい人が多いので,
作品について何か言いたい
時でも小さい声で話そう。

✖ 飲食しない！

食べ物のカスなどがカビや
虫のえさになって,作品を
傷めてしまうよ。

✖ さわらない！

手のよごれで作品にシミや傷が
つくことも。指をさす時は
特に気をつけよう。

✖ 写真をとらない！

決められたさつえいスポットなら
OK。フラッシュは作品が
ダメージを受けるのでNG。

自由に作品を見て鑑賞シートにまとめるように。

ハーイ

シュタ

あっ！ゴニャ美ちゃん久しぶり！

萌絵ちゃん！

おぼ覚えててくれたのねん♡

鑑賞シートって何書けばいいんだろー。

ゴニャ美ちゃん、わかる？

そうねぇ…

いいかいみんなこの絵とこの絵、実は同じテーマをかいているんだ。

へー！！

私たちも教えてもらお！

そうそうねぇ…

工作どこだ？萌絵ちゃんにいいとこ見せないと…。

すぐに→目的を忘れる

んご…！

ってねてる〜!!工作のバカ〜!!

いたっなんだアイツ真けんにやってんじゃねぇか…。

成長したわね…。

1人の画家が同じテーマでかく

ゴッホは，生きている間に合計7枚ものひまわりの絵をかいたんだ。

「ひまわり」1888年 「ひまわり」1889年

どうしてゴッホは，こんなにたくさんひまわりをかいたのかな。

共にフィンセント・ファン・ゴッホ

ちがう画家が同じテーマでかく

日本を代表する富士山は，これまでにたくさんの画家にかかれているよ。

「富嶽三十六景 神奈川沖浪裏」葛飾北斎 「富士山」横山大観

同じ富士山なのに，大きさも見え方も全然ちがって面白いわ。

同じテーマをかくということは何か意味があるのよね。

同じ画家でも，作品の特徴や雰囲気が変わっていくことがあるよ。
有名なパブロ・ピカソで見てみよう。

1901年「自画像」

ピカソは15才から91才で亡くなるまでにたくさんの自画像を残したよ。若い頃は，右の作品（20才の時）のように写実的（実際に見えているようにありのままえがくこと）にかいていたけど，年れいによっていろいろな表現スタイルに変化していくんだ。

1937年「ゲルニカ」

ピカソがスペインの内戦中にかいた約3.5m×7.8mもの大作。戦争に巻きこまれたゲルニカの街の女性や子どもがかかれ，戦争への怒りや恐ろしさ，悲しみを表現している。発表時の評価は高くなかったけれど，ピカソは新しい色や形で表すスタイルに挑戦し続けていったよ。

ピカソといえば，このイメージ！

展覧会は1人の画家をテーマにしていることも多いから，画風の変化に注目するのもよいぞ！

4章 美術を鑑賞しよう

注目ポイントを見つけよう

はい見た〜。

これも見た〜。

はいはい オーケー〜。

チラ

これは見なくてもわかるわ〜。

なんでここに!?

ゴーニャ…。

工作くんっ。

あ!あいつ…!!テキトーだな…。

ハイ 全部見ましたよっと…

プル プル

作品はただ見るだけじゃなく注目するところを決めて観るといいわよ。

ゴニャ美ヤキモキしちゃう!!

126

絵画のプロフィールに注目しよう

美術館に展示されている作品の横には，必ずプレートがあるよ。
作品の説明が書いてあるので読んでみよう。

展示のはじめによくけい示されている，画家の
プロフィールもあわせて読むといいわね。

作者名（生まれた年〜亡くなった年）

ポッポチェリー（1445年〜1510年）

「ニャーナスの誕生」 ── 作品名

1485年　イタリア ── かかれた国

テンペラ／画布 ── 使用した画材

かかれた年

ステキね！　私もこ
んな風にかいてもら
いたい！

画家が40才の時に
かいた作品なんだ
ね。うちの父さんと
同じぐらいだな。

イタリアでかかれた
んだね。食べ物もお
いしくて，ぼくも大
好きな国だよ。

技法に注目してみよう

色

かかれた時代や画家によっても色の表現は全くちがうんだ。屋外での制作を続けたモネは，広がる景色にさしこむ太陽の光の表現に力を入れたよ。

▲「プールヴィルの断崖の上の散歩」
　クロード・モネ

何色と何色を混ぜたらこんな色になるんだ？

雲の色が白じゃない！

明るいし，気持ちよさそうな時間帯だから午前中のお散歩かな。

遠近法

近くのものがはっきり，遠くのものがぼんやりかかれているね。

ものすごーく奥行きを感じさせるかき方だわ。

奥行きや立体感を表すのが遠近法という技法だよ。モナ・リザは「空気遠近法」，最後の晩餐は「一点透視図法」という技法でかかれているんだ。

▼「最後の晩餐」

▲「モナ・リザ」

共にレオナルド・ダ・ヴィンチ

作品にはそれぞれに工夫されているポイントがあるんだよ。

ったく
何してん
だよ～
ニャッホも
ゴーニャンも……。

おっ、お前のことが
心配でこっそり
ついてきてるのっ。

ヤレヤレ……

仕方ない…
オレ1人で何とか
するか…。

ゴニャ美ちゃん。

ねえねえ、鑑賞シートの
ここ、わかる？

ハッ。

萌絵ちゃん。

太郎君に聞いても
話が難しくて…。

どこが
わからない
の？

ペラ
ペラ
ペラ～

え～と…
この絵から
想像したことを
書きましょう、
か…。

130

4つのことを想像してみよう

絵を鑑賞するときは，次の4つのことを思い浮かべながら観てみよう。絵の鑑賞がもっと面白くなるよ。

❶いつ
ある日の昼下がり。半そでの人も，日がさを差している人もいるから，あたたかい季節かな。

❷どこで
どこかの水辺の木かげで。池か，川か，それとも海かな。

「グランド・ジャット島の日曜日の午後」ジョルジュ・スーラ

❸だれが
大人も子どもも，男性も女性もいる。あれ？　犬もいるな。家族連れもいるみたい。

❹何を
のんびり日なたぼっこしている。みんなリラックスして気持ちよさそうだな。

ここにいる人たちの目の前には，どんな景色が広がっているのかな。

ネコちゃんがとにかくかわいい！ 2ひきがくっつきそうな感じもたまらないわ。

おやつ食べておなかいっぱいで動けなくなってたら，ネコが乗ってきちゃったとか？

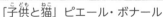
「子供と猫」ピエール・ボナール

女の子の赤いリボンが印象的だな。ぼくもこんな絵がかけるようになりたいよ。

女の子も部屋の感じも暗い印象だけど…ぼくはこの絵，好きだな。

同じ絵を観ているのに，気になるところや感想はバラバラだね。自分とちがう意見を知るのも大切にゃ。

立体作品を鑑賞してみよう

美術品には平面の絵画だけでなく，立体的なものもあるよ。
実は君の家の近くにもある!?

彫刻

木や石，金属などをほって形にしたものをちょう刻というよ。

「ダビデ像」ミケランジェロ

🔍バランスがすごい！

ねん土で作るとわかるけど，作品を立たせるだけでも大変だよね。この大きさ，バランスで立ってるってすごいことなんだ。

🔍ほるときのきん張感もすごい！

どんな素材でも一度ほり始めると修復がきかない。だから一発勝負でほり進める作業は集中力がカギ！

🔍素材もすごい！

約3年かけてほられた，5ｍを超える大作の材料はなんと大理石！　石像に使われる素材には，天然石などもあるよ。

建造物

お寺や家などの建物だって，観方を変えれば立派な美術作品だぜ。

日光東照宮（栃木県）

🔍細かい装しょくに注目

柱からつき出たりゅうなど，「木鼻」と呼ばれる美しいちょう刻。日本の神社・仏閣で数多く見られる。

三鷹天命反転住宅 イン メモリー オブ ヘレン・ケラー（東京都）

荒川修作とマドリン・ギンズによる色あざやかで個性豊かな集合住宅。2005年の完成以降，海外から訪れる人も。

カサ・ミラ（スペイン）

1912年に完成したアントニ・ガウディの代表作の一つ。地中海をイメージした波打つ曲線が印象的な建物。

作られた年代のことやどんなことを表現しているかを想像するなど，絵画と同じ観方をするといいね。

超有名絵画❶ 外国編

「ヴィーナスの誕生」
サンドロ・ボッティチェッリ（1483年ごろ）

ギリシャ神話に登場する愛と美の女神ヴィーナス。夢のような美しさを表した。

「最後の晩餐」
レオナルド・ダ・ヴィンチ（1495年ごろ）

イエス・キリストが処刑される前夜に12人の弟子と最後の夕食をとった光景。

今までのページに出てきた作品もあるよ。

「モナ・リザ」
レオナルド・ダ・ヴィンチ（1503年）

世界一有名なかすかにほほえむ表情。そのモデルはいまだなぞのまま。

「夜警」
レンブラント・ファン・レイン（1642年）

当時よくかかれていた集団肖像画の常識を打ち破ったといわれる名作。

136

おい，さけんでる場合じゃないぞ。

「ひまわり」

フィンセント・ファン・ゴッホ（1889年）

37才で亡くなったゴッホ。数ある「ひまわり」も生前は1枚も売れなかった。

「叫び」

エドヴァルド・ムンク（1893年）

苦しむ人間の心の中を表した作品は，後にさまざまな分野にえいきょうを与えた。

「睡蓮」

クロード・モネ（1906年）

モネは60才ぐらいから約30年，何百枚も睡蓮をかき続けた。

「ゲルニカ」

パブロ・ピカソ（1937年）

内戦に巻きこまれてたくさんの市民が亡くなったゲルニカの街。ピカソはこれに抗議するためにかいた。

超有名絵画❷ 日本編

「源氏物語絵巻」
白河院・鳥羽院ほか
（12世紀ごろ）
平安時代末期，紫式
部作の『源氏物語』を
題材にしてかかれた，
現存する最古の絵巻。

「鳥獣人物戯画」 作者不明

人間のような動きをする動物や，空想上の動物達のユーモラスな姿が特徴的な絵巻。

「風神雷神図屏風」 俵屋宗達（17世紀ごろ）

日本の美術作品も外国
に負けていないぞ！

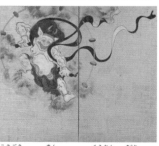
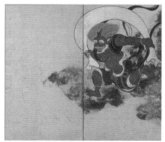

神々しい金ぱくの空間に現れた風神・雷神。水ぼくの特殊技法
を使った「雲」を引き連れ，躍動感あふれる姿を見せる。

138

教科書にのっている作品も多いから身近に感じるぜ。

「四季山水図（山水長巻）」
雪舟（1486 年）

中国の自然と四季の変化を 16m もの長絵巻にかいた雪舟の代表作。

「役者大首絵」
東洲斎写楽（1794 年ごろ）

江戸時代に人気の高かった歌舞伎役者をかいた絵。ブロマイド的な役割も果たした。

「読書」
黒田清輝（1891 年）

当時はまだ新しかった，外の光を取り入れた明るい色彩は日本の洋画の先がけに。

「富嶽三十六景　神奈川沖浪裏」
葛飾北斎（1831 年ごろ）

浮世絵を世界に広めた北斎の代表作。その作風はゴッホらにもえいきょうを与えた。

「東海道五十三次之内　庄野　白雨」
歌川広重（1834 年ごろ）

江戸と京都を結ぶ東海道の風景をかいた人気シリーズ。雨や風の表現も特ちょう的。

142